CB058640

Harry Potter

ALVO DUMBLEDORE

Guia cinematográfico

ROCCO
JOVENS LEITORES

Copyright © 2017 Warner Bros. Entertainment Inc.
HARRY POTTER characters, names and related
indicia are © & ™ Warner Bros. Entertainment Inc.
WB SHIELD: ™ & © WBEI.
J.K. ROWLING'S WIZARDING WORLD ™ J.K. Rowling and Warner Bros.
Entertainment Inc. Publishing Rights © JKR. (s17)

www.harrypotter.com

Título original: HARRY POTTER™ ALBUS DUMBLEDORE™: CINEMATIC GUIDE
Todos os direitos reservados. Primeira publicação nos Estados Unidos em 2016 pela Scholastic Inc.,
Editores desde 1920. SCHOLASTIC e logos associados são marcas e/ou marcas registradas da
Scholastic Inc.

Publicado no Brasil em 2017 pela Editora Rocco Ltda., mediante acordo com a Scholastic Inc.

Tradução: Regiane Winarski

A Editora Rocco não tem nenhum controle ou assume qualquer responsabilidade pela autora ou
websites de terceiros e/ou conteúdo.

Nenhuma parte desta publicação pode ser reproduzida, armazenada em sistema ou transmitida por
qualquer meio eletrônico, mecânico, fotocópia, gravado ou sob qualquer outra forma,
sem a autorização, por escrito, por parte da editora. Para obter informação sobre a autorização,
escreva para a Editora Rocco.

Este livro é uma obra de ficção. Nomes, personagens, lugares e incidentes neste livro são produtos
da imaginação do autor ou foram usados de forma fictícia e qualquer semelhança com pessoas reais,
vivas ou não, estabelecimentos comerciais, eventos ou locais é mera coincidência.

De: Felicity Baker
Direção de arte: Rick DeMonico
Design de página: Theresa Venezia

EDITORA ROCCO LTDA.
Av. Presidente Wilson, 231 – 8º andar
20030-021 – Rio de Janeiro, RJ
Tel.: 3525-2000 – Fax: 3525-2001
rocco@rocco.com.br | www.rocco.com.br

CIP-Brasil. Catalogação na fonte.
Sindicato Nacional dos Editores de Livros, RJ.

B142h

    Baker, Felicity
       Harry Potter™: Alvo Dumbledore™: guia cinematográfico / Felicity Baker; tradução de Regiane Winarski. 1ª ed. Rio de Janeiro: Rocco Jovens Leitores, 2017.
       il.

       Tradução de: Harry Potter™: Albus Dumbledore™: cinematic guide
       ISBN: 978-85-798-0338-3

       1. Ficção inglesa. I. Winarski, Regiane. II. Título.

16-38568   CDD – 823
                    CDU – 821.111-3

Sumário

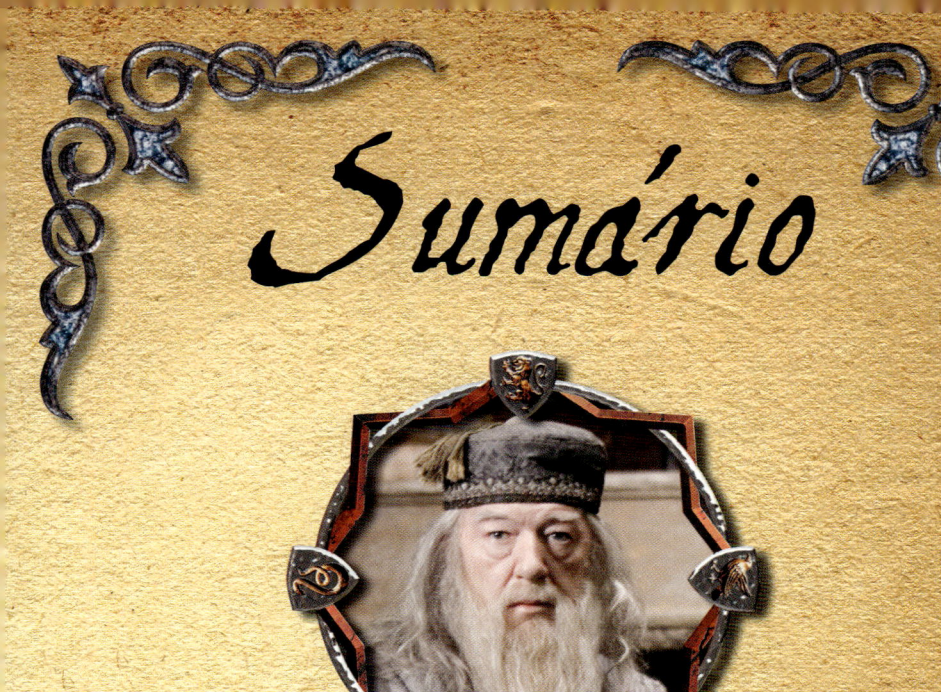

O começo 4
A vida em Hogwarts 14
A Ordem da Fênix 22
Dumbledore e Harry Potter 32
Lutando contra as
   Forças das Trevas 40
Legado 50

O começo

Alvo Dumbledore é um dos bruxos mais poderosos do mundo. Ele estudou na Escola de Magia e Bruxaria de Hogwarts, depois se tornou professor e, mais tarde, diretor de Hogwarts.

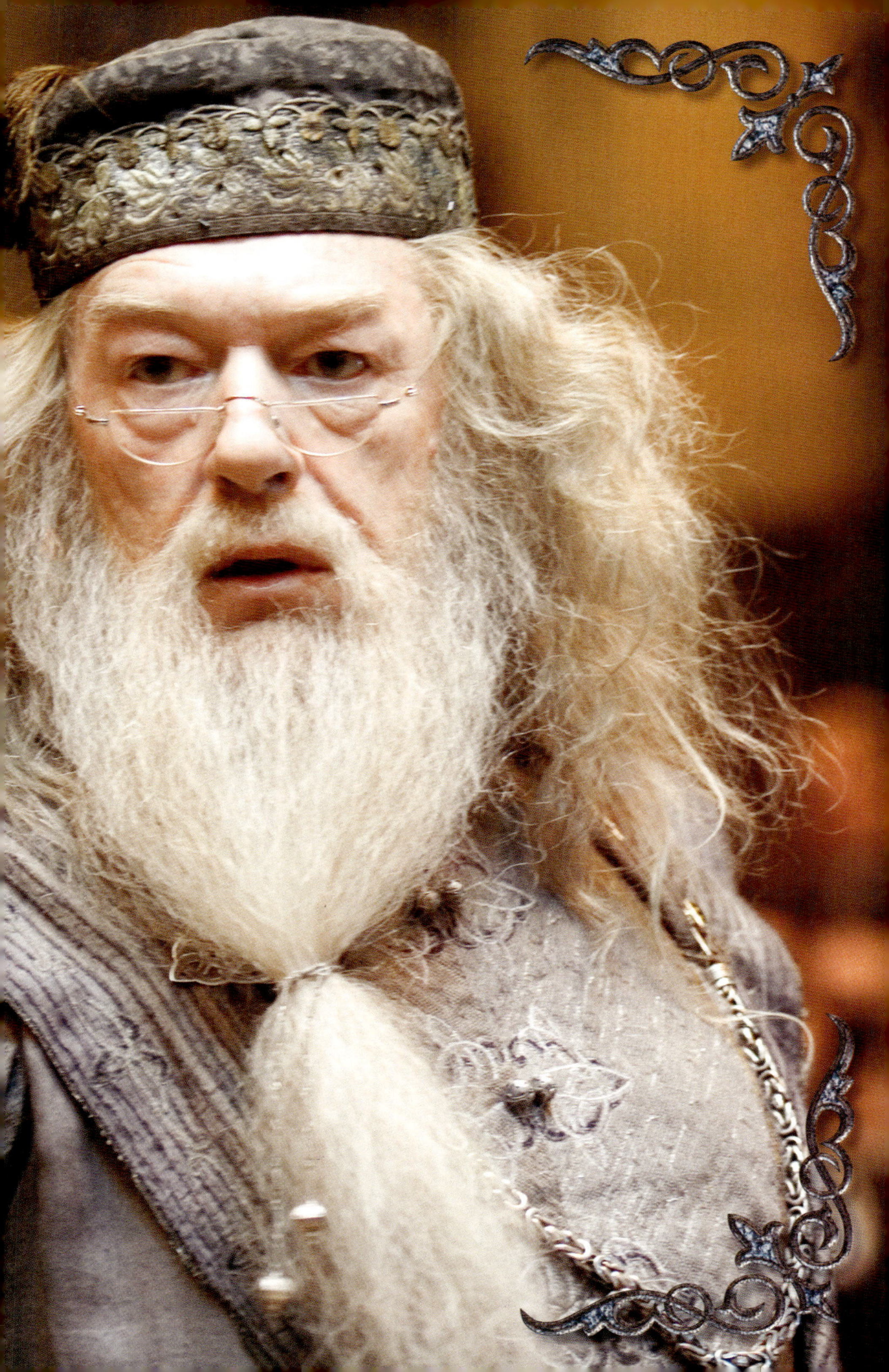

Alvo Percival Wulfrico Brian Dumbledore nasceu no fim do século XIX. Seus pais, Percival e Kendra Dumbledore, eram bruxos. Alvo tinha um irmão mais novo, Aberforth, e uma irmã mais nova, Ariana.

Alvo Dumbledore muitos anos antes de conhecer Harry Potter.

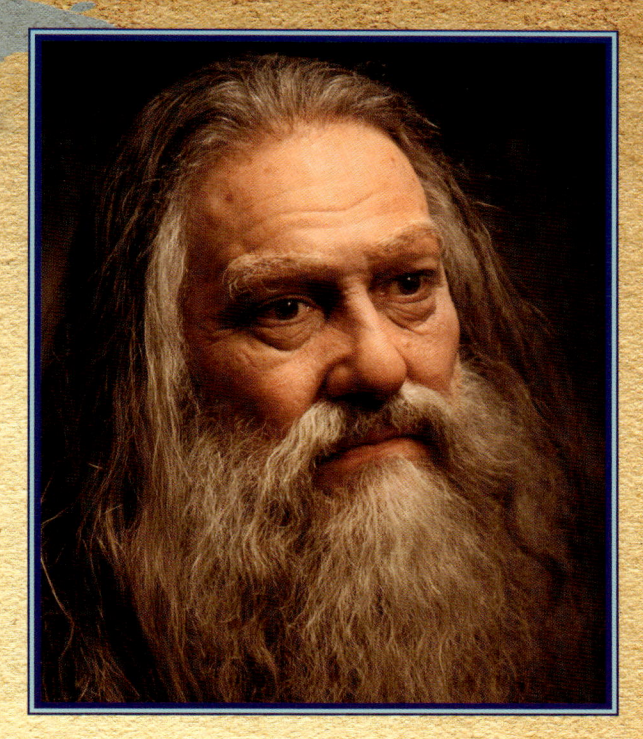

Aberforth
Dumbledore

Ariana
Dumbledore

Quando Alvo era mais novo, sua irmã, Ariana, foi agredida por alguns garotos trouxas. Para proteger Ariana, a família se mudou para Godric's Hollow, uma aldeia bruxa.

Godric's Hollow mais tarde se tornou o local de moradia de Harry Potter e seus pais, Lílian e Tiago.

Aos onze anos, Alvo foi estudar na Escola de Magia e Bruxaria de Hogwarts.

Como todos os seus colegas da escola, Alvo chamou Hogwarts de lar enquanto estudou lá.

Depois de terminar a escola, Alvo planejava viajar pelo mundo. Mas sua mãe morreu, e ele voltou para casa para cuidar do irmão e da irmã. Lá, conheceu Gerardo Grindelwald, outro jovem bruxo, e os dois viraram melhores amigos.

Alvo Dumbledore (esquerda) com Gerardo Grindelwald (direita).

Os dois jovens eram obcecados pelas Relíquias da Morte, os três objetos mágicos ultrapoderosos com fama de fazerem de seu dono o senhor da Morte.

O símbolo das Relíquias da Morte.

A Capa da Invisibilidade é uma Relíquia da Morte.

A Pedra da Ressurreição é outra das três Relíquias da Morte.

A Varinha das Varinhas é a terceira — e a mais poderosa — Relíquia da Morte.

O irmão de Alvo, Aberforth, desconfiou da grande ambição por poder de Gerardo. Os três jovens bruxos — Alvo, Aberforth e Gerardo — duelaram, e Ariana morreu acidentalmente na briga.

Gerardo Grindelwald se tornou um dos bruxos das trevas mais poderosos do mundo.

Depois da morte de Ariana, Alvo se culpou pela tragédia. Ele sofreu por Ariana durante anos.

Alvo voltou para Hogwarts, onde se tornou professor.

A vida em Hogwarts

Muitos já se perguntaram por que um bruxo tão grandioso quanto Dumbledore nunca se tornou Ministro da Magia. Ele preferiu permanecer em Hogwarts, ensinando jovens bruxas e bruxos.

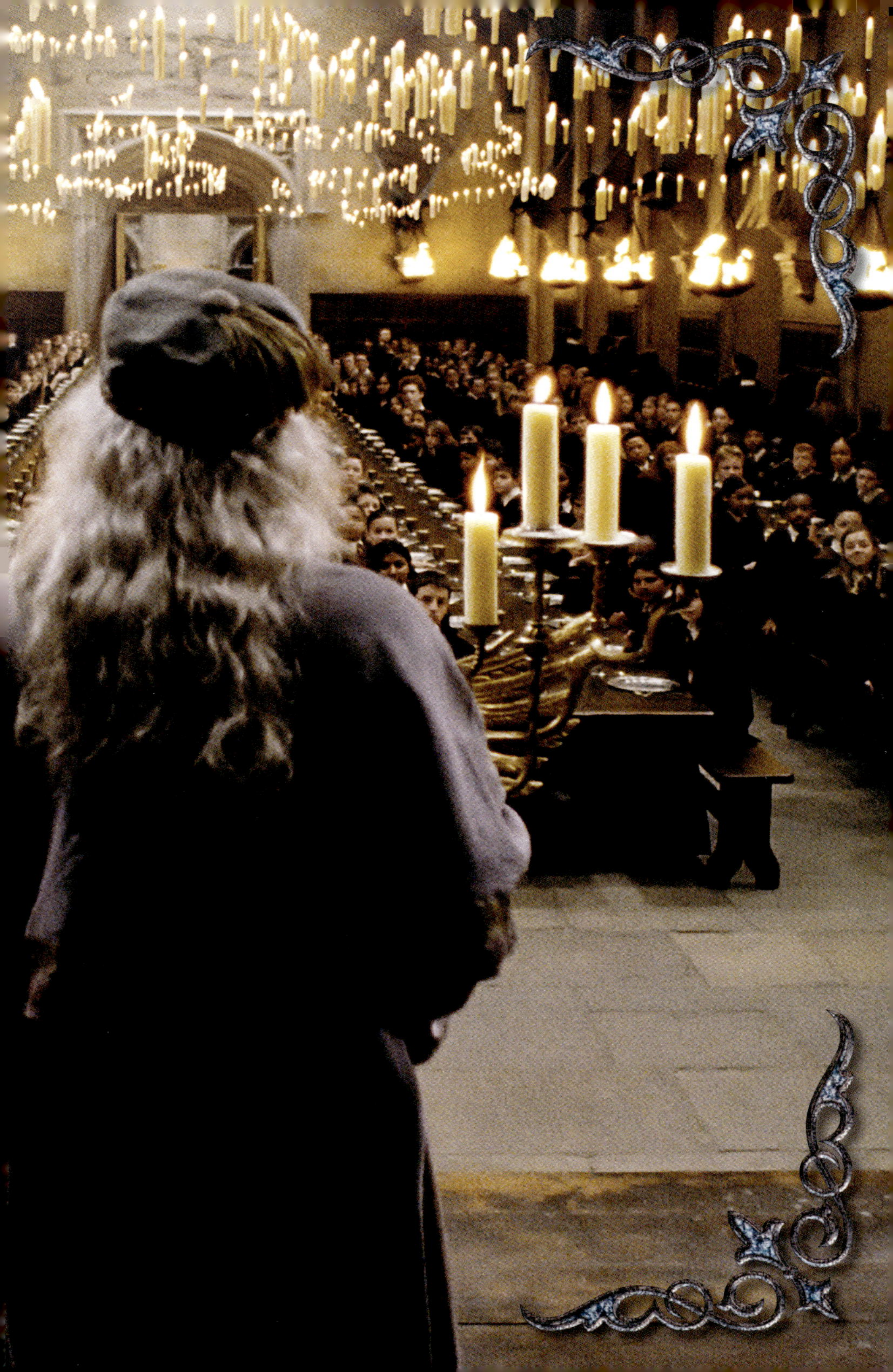

Os professores e alunos de Hogwarts são leais a Dumbledore. Entre os seus colegas mais próximos na escola estão Rúbeo Hagrid, a professora McGonagall e o professor Snape.

Minerva McGonagall, professora de Transfiguração e chefe da casa Grifinória, com Severo Snape, professor de Poções e chefe da casa Sonserina.

Rúbeo Hagrid, guarda-caça.

Dumbledore é tão ilustre e admirado que jovens bruxas e bruxos colecionam cartas de sapos de chocolate com a imagem dele.

Em sua época de professor, Dumbledore leva um jovem bruxo problemático chamado Tom Riddle para Hogwarts. Quando Tom fica mais velho, assume um novo nome — Lorde Voldemort — e se torna o bruxo das trevas mais poderoso que o mundo já viu.

Dumbledore encontra o jovem Tom Riddle pela primeira vez.

"Se eu sabia que tinha encontrado o bruxo das trevas mais perigoso de todos os tempos? Não."

— Professor Dumbledore,
filme *Harry Potter e o Enigma do Príncipe*

Dumbledore desconfia de Tom quando uma aluna é encontrada morta na Câmara Secreta. Tom culpa Hagrid pela morte da jovem, mas Dumbledore não se deixa enganar.

Gerardo Grindelwald, o bruxo das trevas e antigo amigo de Dumbledore, rouba a Varinha das Varinhas, uma das Relíquias da Morte. Dumbledore enfrenta Grindelwald e o derrota, tornando-se senhor da Varinha das Varinhas.

Grindelwald rouba a Varinha das Varinhas do fabricante de varinhas Gregorovitch.

Depois do duelo com Dumbledore, Grindelwald é enviado para Nurmengard, uma prisão na Europa.

A Ordem da Fênix

Houve paz no mundo bruxo depois que Dumbledore derrotou Grindelwald, mas não durou muito tempo. Um novo bruxo das trevas estava conquistando seguidores — e esse lorde do mal se mostraria ainda mais perigoso do que Grindelwald.

Quando Lorde Voldemort tenta subir ao poder pela primeira vez, Dumbledore reúne muitas bruxas e bruxos para lutar contra ele. Eles se intitulam a Ordem da Fênix.

Uma fotografia da Ordem da Fênix original.

> "...a Ordem da Fênix. É uma sociedade secreta; foi fundada por Dumbledore..."
>
> — Hermione Granger,
> filme *Harry Potter e a Ordem da Fênix*

O quartel-general da Ordem fica escondido no Largo Grimmauld.

Dumbledore recruta muitos de seus antigos alunos para a Ordem, inclusive os pais de Harry Potter, Lílian e Tiago, assim como Sirius Black, Remo Lupin, Alastor "Olho-Tonto" Moody, Arthur e Molly Weasley e Minerva McGonagall.

Sirius Black era o melhor amigo de Lílian e Tiago Potter. A Ordem usa a casa de infância dele no Largo Grimmauld como quartel-general.

Os membros da Ordem Ninfadora Tonks, Molly Weasley, Arthur Weasley e Remo Lupin.

Alastor "Olho-Tonto" Moody, Auror do Ministério da Magia e membro da Ordem da Fênix.

Dumbledore fica sabendo de uma profecia sobre Lorde Voldemort e uma criança que teria o poder de derrotar o bruxo das trevas. Um dos antigos alunos de Dumbledore, Severo Snape, ouve a profecia.

Snape é um Comensal da Morte, e repete o que ouve da profecia para o Lorde das Trevas.

Lorde Voldemort se convence de que a profecia se refere a Harry, o filho de Lílian e Tiago Potter. Harry sobrevive ao ataque de Voldemort, mas Lílian e Tiago morrem tentando proteger o filho.

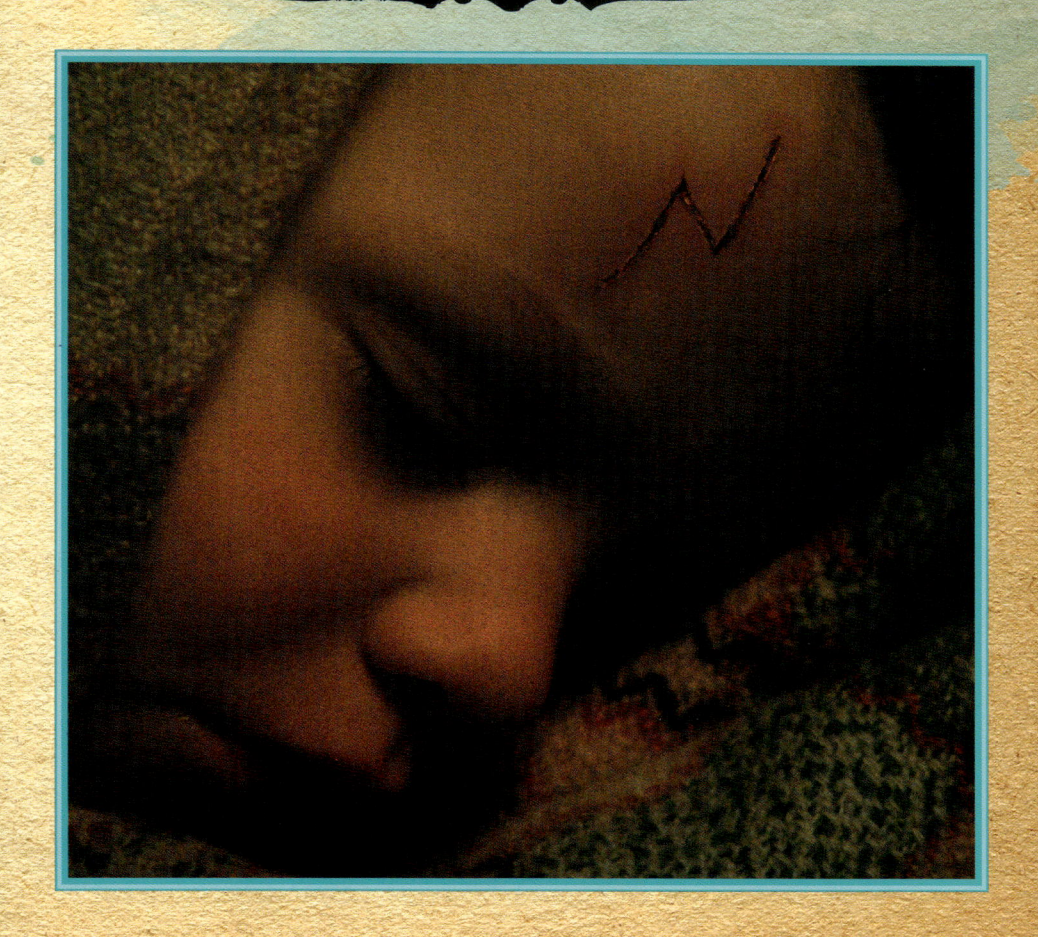

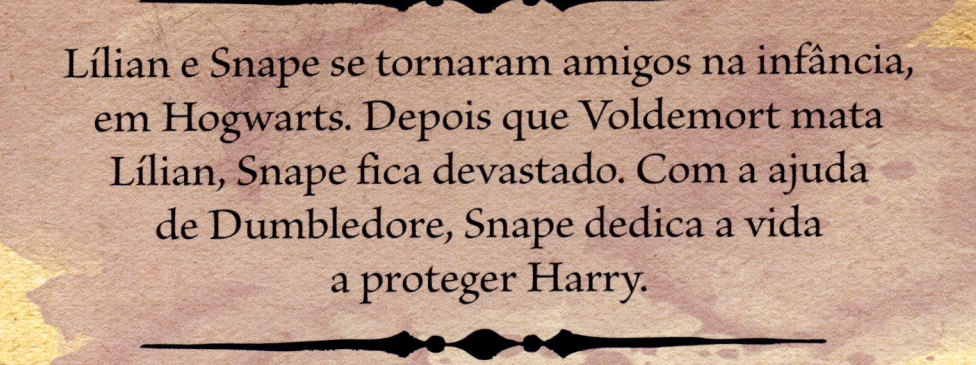

Lílian e Snape se tornaram amigos na infância, em Hogwarts. Depois que Voldemort mata Lílian, Snape fica devastado. Com a ajuda de Dumbledore, Snape dedica a vida a proteger Harry.

Para evitar desconfianças e manter Harry seguro, Snape finge ainda ser leal a Voldemort.

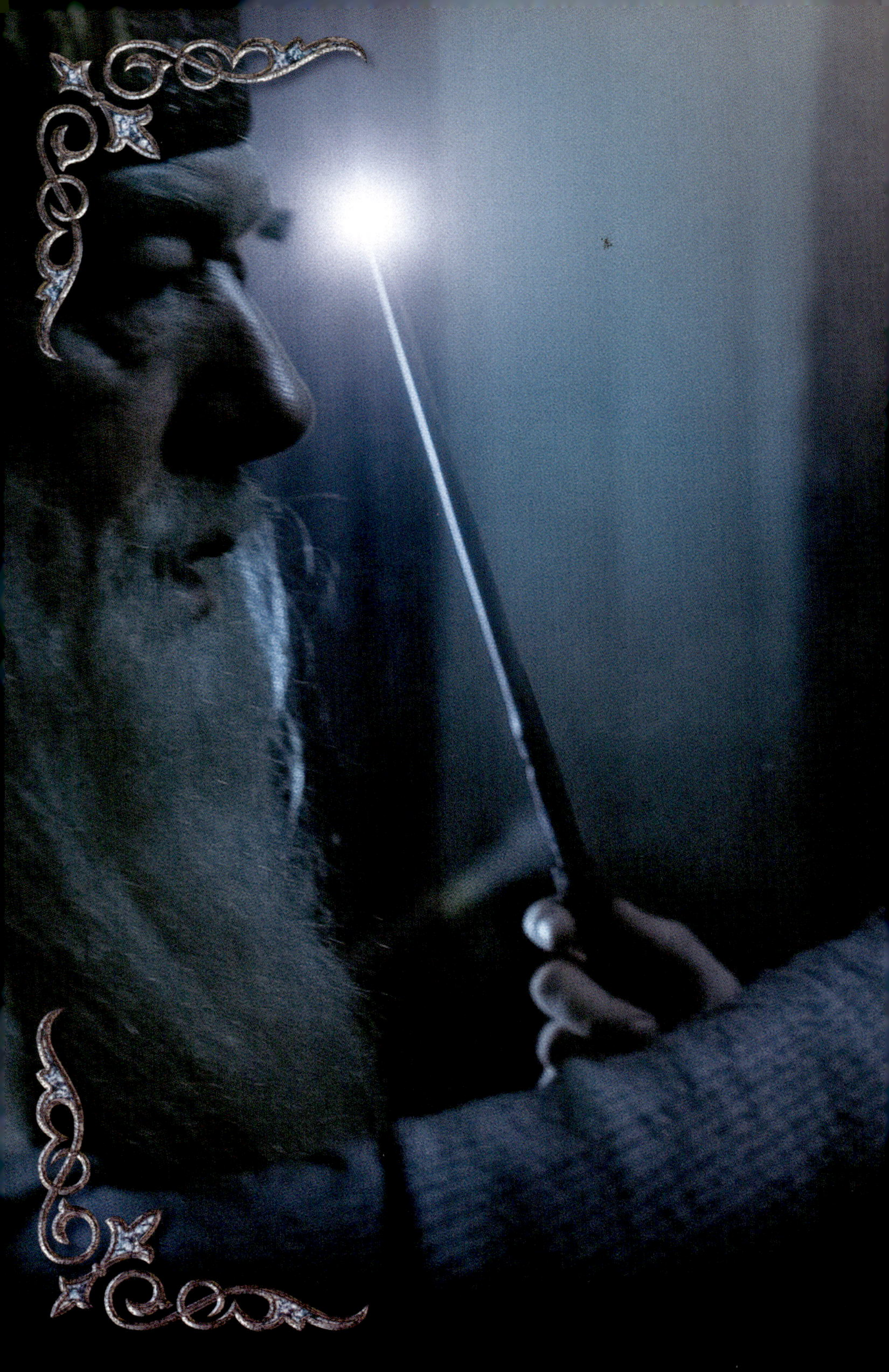

Dumbledore e Harry Potter

Depois que os pais de Harry morrem, Dumbledore começa a cuidar do garoto. Dumbledore passa a gostar muito de Harry. Ele também sabe que precisa preparar Harry para o retorno de Voldemort.

O professor Dumbledore consegue que o bebê Harry more com parentes, os Dursley. Eles são trouxas, o termo usado pela comunidade bruxa para descrever quem não possui poderes mágicos.

Dumbledore e a professora McGonagall levam o bebê Harry para a casa dos Dursley, na rua dos Alfeneiros nº 4.

"Boa sorte, Harry Potter."

— Professor Dumbledore,
filme Harry Potter e a Pedra Filosofal

No verão em que Harry faz 11 anos, ele recebe uma carta da professora McGonagall.

"Prezado sr. Potter, temos o prazer de informar que você foi aceito na Escola de Magia e Bruxaria de Hogwarts..."

— Carta da professora McGonagall, filme *Harry Potter e a Pedra Filosofal*

Durante os anos de Harry em Hogwarts, Dumbledore cuida dele e o protege.

Dumbledore e Snape protegem Harry e outros alunos quando Hogwarts é ameaçada por um fugitivo de Azkaban, a prisão bruxa.

Harry e seus melhores amigos, Rony Weasley e Hermione Granger, admiram Dumbledore.

"É preciso muita coragem para enfrentar os inimigos, mas uma coragem bem maior para enfrentar os amigos."

— PROFESSOR DUMBLEDORE,
FILME *HARRY POTTER E A PEDRA FILOSOFAL*

Depois que Harry testemunha o retorno de Voldemort, Dumbledore é um dos poucos a acreditar nele. Muitos bruxos, inclusive o Ministro da Magia, têm medo demais para aceitar a verdade: o Lorde das Trevas voltou.

"Tempos difíceis estão por vir. Em breve, teremos que escolher entre o que é certo e o que é fácil."

— Professor Dumbledore,
filme *Harry Potter e o Cálice de Fogo*

Harry e seus amigos formam um grupo de alunos dedicado a aprender feitiços de defesa, para se protegerem de magia das trevas. Eles escolhem o nome Armada de Dumbledore, em homenagem ao professor Dumbledore.

Harry e o amigo e membro da AD, Neville Longbottom, treinam na Sala Precisa.

Lutando contra as Forças das Trevas

O professor Dumbledore dedicou a vida a proteger bruxas, bruxos e trouxas do poder da magia das trevas.

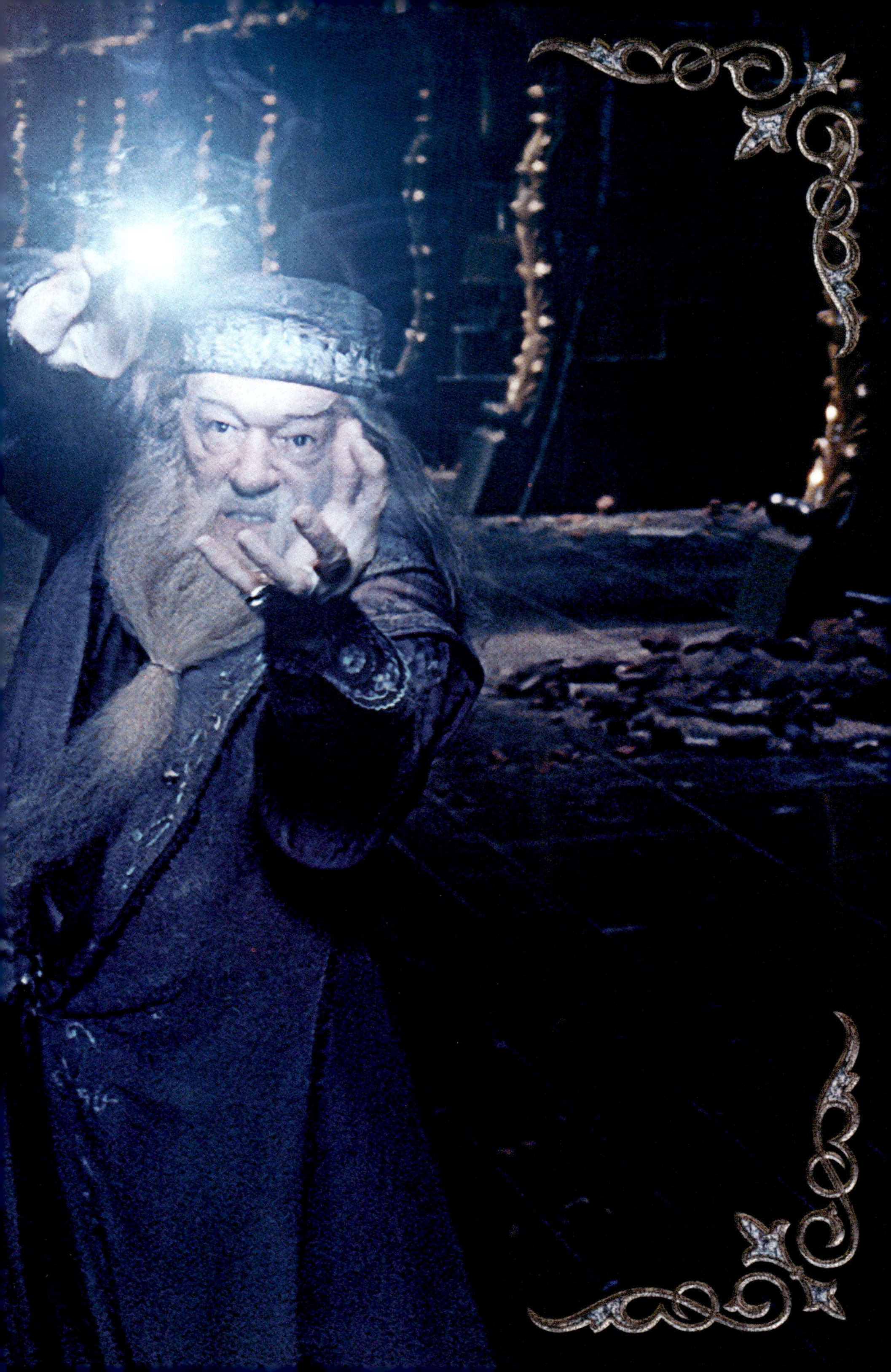

Conforme Voldemort ganha mais força, ele usa a sua conexão com Harry para atrair o garoto para o Ministério da Magia. Dumbledore vai salvar Harry e duela com o Lorde das Trevas.

"Foi tolice sua vir aqui hoje, Tom."

— Professor Dumbledore, filme *Harry Potter e a Ordem da Fênix*

Dumbledore está determinado a proteger Harry de Voldemort.

Dumbledore e Harry descobrem o segredo por trás do retorno de Voldemort: para se tornar imortal, Voldemort fragmentou sua alma e escondeu partes dela em objetos chamados Horcruxes. Juntos, Dumbledore e Harry decidem procurar e destruir as Horcruxes.

Harry: "Se pudesse encontrar todas... se pudesse destruir cada Horcrux..."

Dumbledore: "Voldemort seria destruído."

— filme Harry Potter e o Enigma do Príncipe

A primeira Horcrux que Harry descobre é um anel que carrega uma maldição poderosa.

A Horcrux fere gravemente Dumbledore. O professor Snape confina a maldição à mão de Dumbledore, mas os dois sabem que, em algum momento, a maldição vai acabar se espalhando.

Dumbledore leva Harry em busca da Horcrux seguinte, que Voldemort escondeu em uma caverna.

A Horcrux é protegida por magia das trevas. Dumbledore precisa tomar uma poção envenenada para pegá-la.

A poção enfraquece Dumbledore, mas ele ainda encontra força para proteger Harry dos Inferi — cadáveres reanimados por magia das trevas.

Quando o professor Dumbledore e Harry voltam para Hogwarts, eles descobrem que Comensais da Morte invadiram a escola. Depois de anos sendo aparentemente leal a Dumbledore, Snape precisa agora provar que é aliado das Forças das Trevas.

Belatriz Lestrange guia os Comensais da Morte para dentro de Hogwarts.

"Severo... por favor..."

— Professor Dumbledore, filme *Harry Potter e o Enigma do Príncipe*

Para cumprir uma promessa feita a Dumbledore, o professor Snape precisa lançar a Maldição da Morte e acabar com a vida do velho amigo.

Dumbledore cai do alto da Torre de Astronomia de Hogwarts. Seu sacrifício põe em movimento um plano maior.

Harry e seus amigos sofrem pelo falecimento de seu mentor e amigo.

Legado

Depois da morte de Dumbledore, Harry continua determinado a completar a tarefa que o diretor deixou para ele: encontrar e destruir as Horcruxes que restam, para que Voldemort se torne mortal novamente.

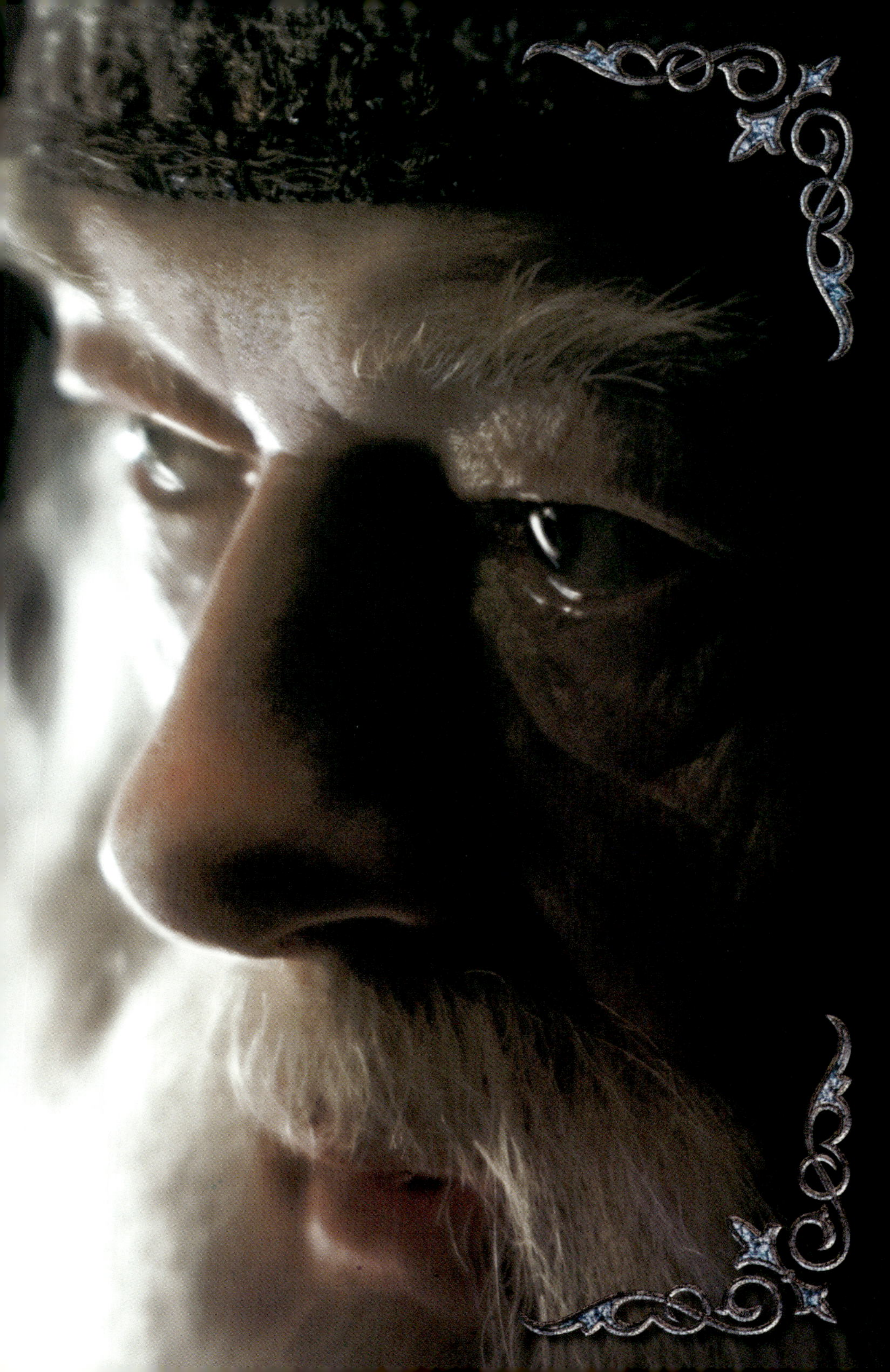

O Ministro da Magia Rufo Scrimgeour lê o testamento de Dumbledore para Harry, Rony e Hermione. Dumbledore deixa um presente para cada um do trio, que servirá para ajudá-los na caça às Horcruxes.

Dumbledore deixa para Harry a Espada de Gryffindor.

Dumbledore deixa para Rony o Desiluminador.

Dumbledore deixa para Hermione um livro que oferece informações para a missão de derrotar o Lorde das Trevas: Os Contos de Beedle, o Bardo.

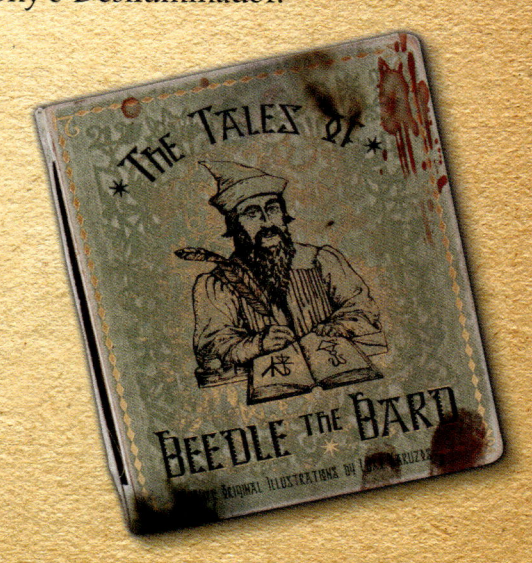

Voldemort fica convencido de que precisa de uma varinha mais poderosa para derrotar Harry. Ele tira a lendária Varinha das Varinhas da tumba de Dumbledore.

Voldemort usa a Varinha das Varinhas pela primeira vez.

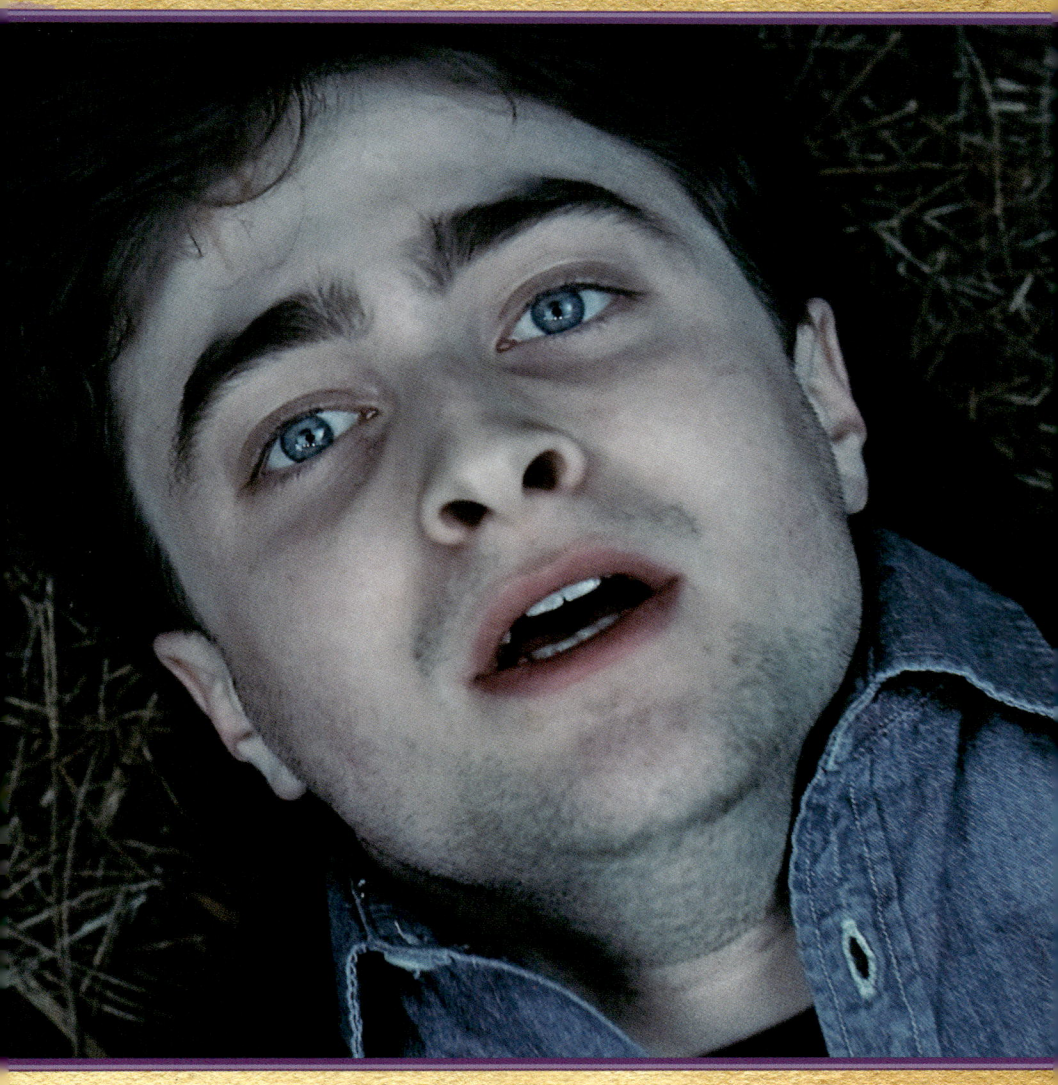

Por causa de sua conexão com Voldemort, Harry consegue sentir que o Lorde das Trevas agora está com a poderosa Varinha das Varinhas.

Harry, Rony e Hermione descobrem que há mais Horcruxes em Hogwarts.

O irmão mais novo de Dumbledore, Aberforth, e Neville ajudam Harry, Rony e Hermione a passarem pelos Comensais da Morte e entrarem no castelo para procurar as Horcruxes.

Há uma entrada secreta para a escola atrás do quadro que Aberforth tem de Ariana.

Harry, Rony e Hermione destroem uma Horcrux escondida na Sala Precisa.

Rony e Hermione usam uma presa de basilisco para destruir outra Horcrux na Câmara Secreta.

Determinado a destruir Harry, Voldemort ataca Hogwarts. Durante a batalha, Voldemort fere mortalmente Snape. Pouco antes de Snape morrer, ele fala para Harry levar uma de suas lágrimas até a Penseira de Dumbledore.

Quando Harry vê as lembranças de Snape, ele finalmente descobre a verdade sobre sua ligação com Voldemort. O próprio Harry é uma Horcrux. Para derrotar o Lorde das Trevas, Harry precisa permitir que Voldemort o mate.

Dumbledore: "Existe um motivo para Harry conseguir falar com cobras. Existe um motivo para ele poder olhar na mente de Lorde Voldemort. Uma parte de Voldemort vive dentro dele."

Snape: "Então, quando a hora chegar, o garoto precisa morrer?"

Dumbledore: "Sim. E o próprio Voldemort é quem tem que fazer isso."

— FILME HARRY POTTER E AS RELÍQUIAS DA MORTE — PARTE 2

Harry se entrega a Voldemort na Floresta Proibida. Permite que Voldemort o mate, para que a Horcrux dentro dele possa ser destruída.

"*Harry Potter. O menino que sobreviveu. Venha morrer.*"

— Voldemort,
filme Harry Potter e as Relíquias da Morte — Parte 2

Voldemort acredita que matou Harry, mas conseguiu apenas destruir a Horcrux. Enquanto Harry está caído e inconsciente, ele tem uma visão com Dumbledore.

Harry: "É verdade, então, senhor? Uma parte dele vive dentro de mim, não é?"

Dumbledore: "Vivia. Foi destruída momentos atrás pelo próprio Voldemort... Você era a Horcrux que ele nunca pretendeu criar, Harry."

— filme Harry Potter e as Relíquias da Morte — Parte 2

Neville usa a Espada de Gryffindor para destruir a última Horcrux, a cobra de Voldemort, Nagini.

Graças a Harry e seus amigos, o plano de Dumbledore foi executado: Voldemort é finalmente mortal de novo. Ele e Harry podem se enfrentar em pé de igualdade.

O duelo final de Harry e Voldemort na Batalha de Hogwarts.

"Não tenha pena dos mortos, Harry. Tenha pena dos vivos e, acima de tudo, de todos que vivem sem amor."

— Professor Dumbledore, filme Harry Potter e as Relíquias da Morte — Parte 2